NÓS, OS HOMENS!

Christian Voltz

Tradução: **Naiana Bueno**

Fotos: **Jean-Louis Hess**
Montagem: **Tom Henni**

EDITORA POSITIVO

STEEL BALLS

NÓS, OS HOMENS!

Para Patrick, Seb, Didier,
Robert, Jacques, Bruno...
Homens de verdade!
Amigos que me inspiraram...

GOOOL!

SOMOS CAMPEÕES
DO MUNDOOO!

Cara, a gente jogou muito!
Vamos, todos pro “Pênalti”!
Vamos comemorar!

Caras, desculpem!
Para mim, hoje
não vai dar...

Hoje eu também não posso ir! Prometi voltar pra casa...
E eu a mesma coisa! Tenho que ir...

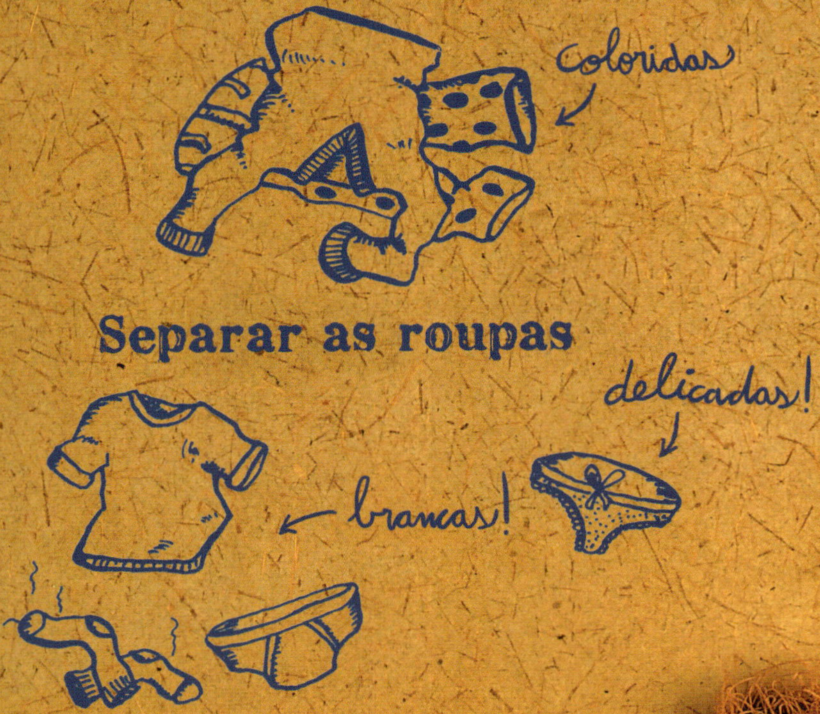

Separar as roupas

Lavar roupa

Lá em casa
tem umas 10 toneladas
de roupa suja!
Eu preciso dar um
jeito nisso.
É a minha vez!

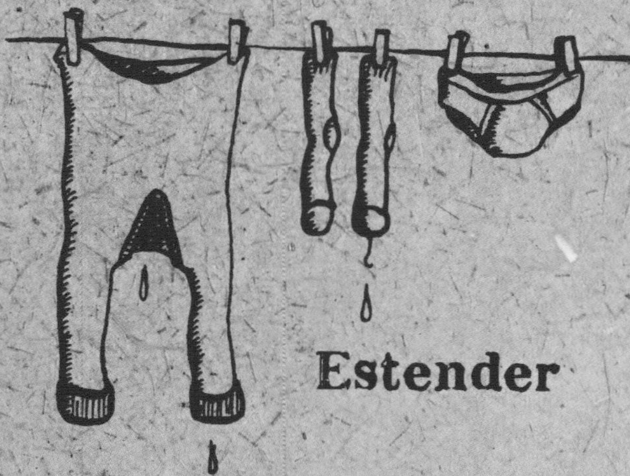

Estender

Passar

Dobrar, guardar

Arrumar a bagunça

Tirar a poeira

Lá em casa
está uma bagunça só!
Não dá nem pra imaginar!
Eu tenho que fazer a faxina!
É a minha vez!

Passar o aspirador...

... e depois o pano

Lavar a louça

Fazer as compras

No meu caso,
prometi preparar
a comida para
hoje à noite!
Eu adoro fazer isso e...
É a minha vez!

Preparar o cozido

Fritar os bifes

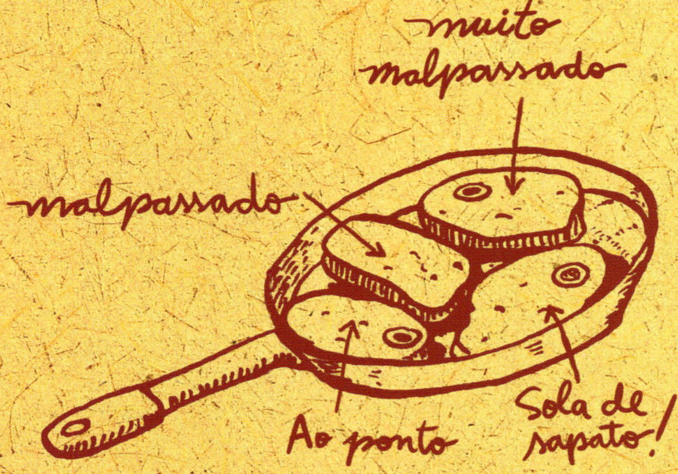

Fazer um bolo
(é o aniversário da Lulu)

Não, eu não acredito!!!
Roupas,
Compras,
Faxina...
Sabem o que vocês são?
Hein?
UNS COXINHAS!
Não!
UNS FRANGUINHOS!
Não...
Pior!

AI!
VERGONHA!

... UMAS MULHERZINHAS!

Tudo para bricolagem
PERFURADOR
VOCE É O MAIS FORTE!
O carr
dos
homen

Lavar roupa!
HAHA!
Essa é boa!
Nós não somos menininhas!

Não é mesmo,
belezura?

Nós, os homens,
somos feitos para viver
INTENSAMENTE!
Pilotar foguetes...
Jogar futebol...

PISAR FUNDO!

Então,
o que a gente vai comer
hoje à noite?

O que significa essa
minissaia?
Essa microssaia...

Até que enfim, já faz tempo que estamos esperando!

Bom, você precisa fazer comida pro menino. Tem legumes na geladeira...

E se você puder dar um jeitinho, isso aqui está uma bagunça!

Papai,
vamos jogar bola?

O quê?
Você esqueceu? Hoje à noite eu vou sair com as minhas amigas!
É a minha vez...

Ei!

Então tchau, meus amores!
Estou saindo!
Não se esqueça de trocar o menino...
Acho que tem uma surpresinha!
Hi! Hi!

Papai, vamos jogar bola?
VAMOS, PAPAI!
Jogar bola!
Jogar bola!

OK, MEU GAROTO!
Vamos passar uma noite entre homens...
Pronto, eu sou o goleiro!

PRONTO?
Um, dois e...
JÁ!

João Pedro,
o goleiro do século,
se prepara!
Ele se concentra para
o pênalti decisivo!
A tensão está no auge...
Se ele conseguir defender,
será a vitória!

CHUTE!

OHHH!

Que bomba!

Que chutaço!

João Pedro merguuulha!

EEi !

Magnífico
João Pedr...
BUM!

Superdefesa, papai!

É...
Venha, vamos comer...
Nós, os homens...
Temos que
ficar fortes!

Hi! Hi!

E pronto!
Um passe pro
meu filhote...
EU
SOU
O CHEFE!

Zzz
Zzz

zzz

Nós, os homens!

Título original: *Nous les hommes!*

Direção de programas de governo e governança editorial: Márcia Takeuchi
Tradução: Naiana Bueno
Revisão: Kátia Scaff Marques (superv.); Alexandre Koji, Maiza Prande Bernardello, Maya Indra Oliveira
Supervisão de arte: Juliano de Arruda Fernandes
Edição de arte: Leonardo Carvalho
Produção gráfica: Danilo Marques da Silva
Assistência editorial: Emilia Yamada, Janaina Beltrame, Karina Miquelini

Dados Internacionais para Catalogação na Publicação (CIP)
(Maria Teresa A. Gonzati / CRB 9-1584 / Curitiba, PR, Brasil)

V942 Voltz, Christian.
Nós, os homens! / Christian Voltz ; tradução Naiana Bueno ; fotografia Jean-Louis Hess. — Curitiba : Positivo, 2014.
48 p. : il.

Título original da obra: Nous les hommes!
ISBN 978-85-385-8470-4

1. Literatura infantil. I. Bueno, Naiana. II. Hess, Jean-Louis. III. Título.

CDU 820

Impressão e acabamento: Gráfica e Editora Posigraf Ltda.

2014
1ª edição
2ª impressão

Rua Major Heitor Guimarães, 174 – Seminário
80440-120 – Curitiba – PR
Site: www.editorapositivo.com.br
Fale com a gente: 0800 723 6868